TRACHTEN-
STUTZEN

Servus

Das kleine Buch

Ursula Wurm

TRACHTEN-STUTZEN

selber machen

Inhalt

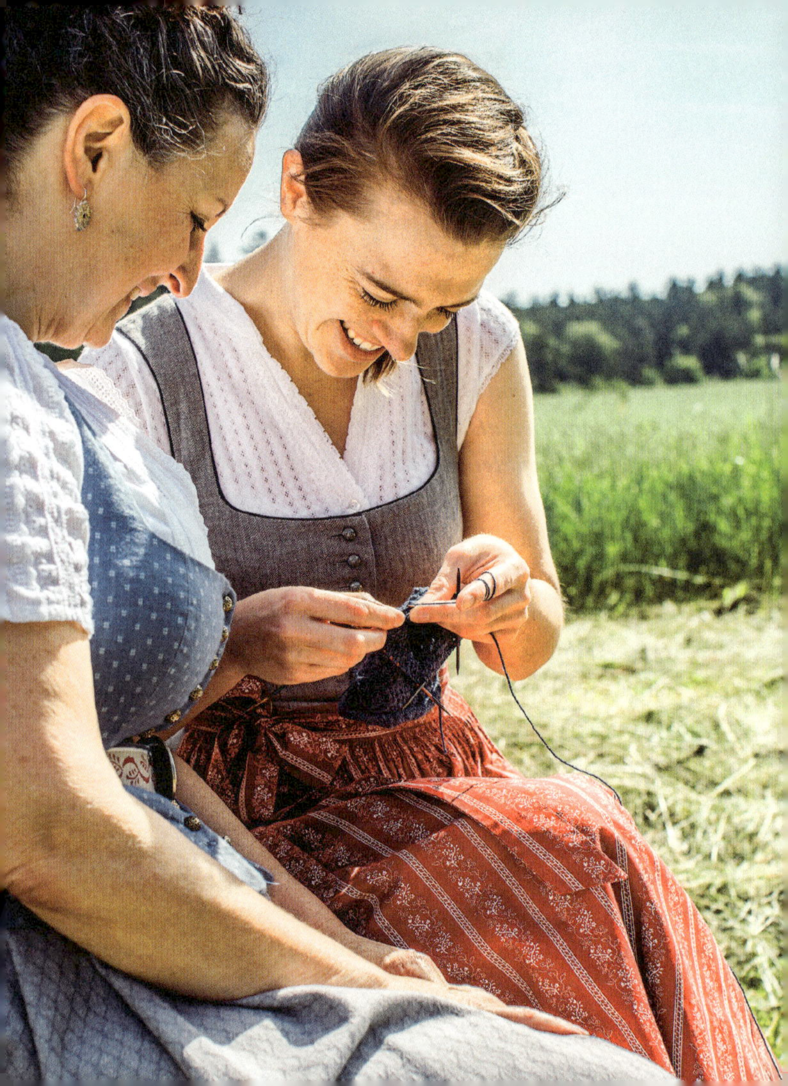

Vorwort

Dirndlkleider und Lederhosen erfreuen sich wieder großer Beliebtheit. Das Bedürfnis zur Nachhaltigkeit und die Wertschätzung von Handwerk liegen hoch im Kurs. Was liegt da näher, als die unverzichtbaren Accessoires der Beinkleider selbst herzustellen?

Im vorliegenden Büchlein möchte ich Sie gern dazu motivieren, dieses kreative Handwerk selbst zu versuchen, und mit Tipps und Tricks unterstützen.

Als Voraussetzung sollten Sie Kenntnisse in den Strickgrundlagen haben. Sofern Sie keine Person in Ihrem Umfeld haben, die Sie in die »Strickgeheimnisse« einweiht, finden Sie in der empfohlenen Literatur sowie in den vielen Angeboten des Internets gute Unterstützung. Geduld, Ausdauer, ein wenig Kreativität und die Liebe zur Handarbeit sind hilfreiche Eigenschaften, um Kniestrümpfe, Stutzn, Beinhösl, Loferl, Heislen, Pfousn, Wadenwärmer und Wadlstrümpf – wie sie regional unterschiedlich genannt werden – als individuelle Kunstwerke entstehen zu lassen.

Geschichte

Seit es den Menschen gibt, besteht für ihn die Notwendigkeit sich zu bekleiden. Seit jeher wurden Pflanzenfasern und Tierhaare verflochten, gedreht und versponnen. Die verschiedenen Grundstoffe brachten bereits unterschiedliche Farben mit sich: Garne in Naturweiß, verschiedenen Grau-, Braun- und Grüntönen boten die Grundlage zur Verarbeitung. Im Laufe der Zeit wurde die Farbpalette durch Färbetechniken erweitert. Die Garne wurden verwebt und zu Kleidungsstücken, unter anderem auch für die Beine, vernäht.

Die Technik des Strickens begegnet uns in Mitteleuropa erst im 16. Jahrhundert. Vermutlich brachten sie die Spanier hierher. Gestrickte Seidenstrümpfe, reich bestickt, waren Kostbarkeiten an den Höfen. Die Handarbeiten wurden bis Ende des 18. Jahrhunderts von männlichen Strumpfstrickern ausgeführt. Das war ein anerkannter Lehr- und Meisterberuf zur damaligen Zeit. Die Zunft sicherte die Einhaltung der strengen Vorschriften bezüglich Material- und Musterverwendung. Leider konnte sich im Laufe der Entwicklung dieses Gewerbe nicht halten.

Doch trotz der Entwicklung der Wirkstühle, auf denen Strümpfe industriell hergestellt wurden, konnte sich die Handstrickerei behaupten. Sie wurde zum willkommenen Nebenverdienst für rangniedere Personen. Durch den Handel verbreiteten sich Macharten und Muster. Deshalb finden wir diese auf den Strümpfen zum schottischen Kilt genauso wie auf denen, die zur Lederhose getragen werden.

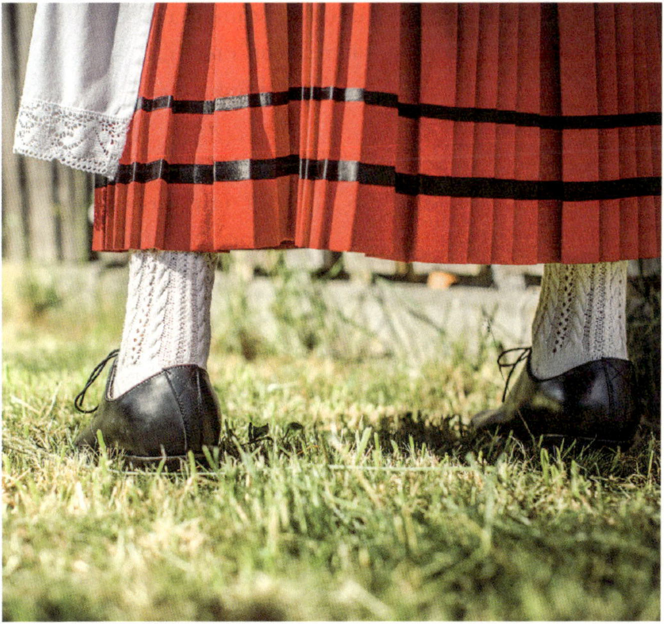

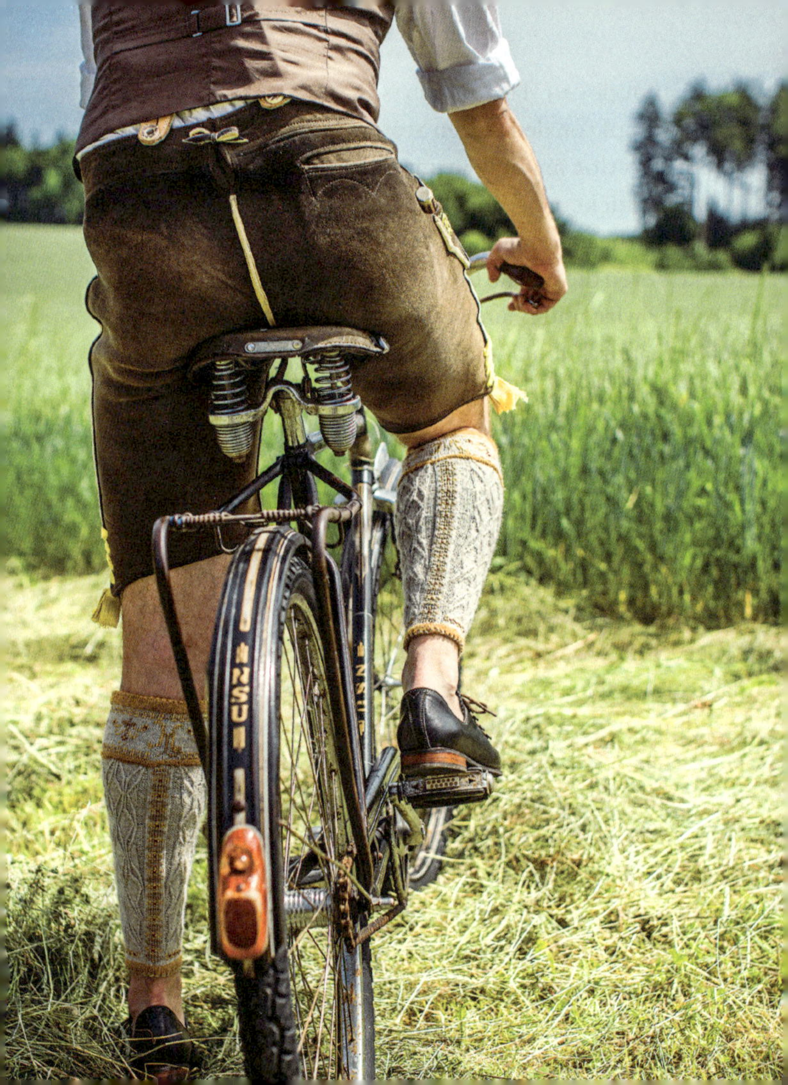
NSU

Zu Beginn des 19. Jahrhunderts wurde die Bundhose mit Kniestrumpf von den langen Stoffhosen abgelöst. Der Kniestrumpf verlor an Bedeutung. Mit dem Niedergang des Strumpfstrickergewerbes kam das Selberstricken für die Frauen zurück – denn die Röcke wurden kürzer. Knielange Röcke boten die Bühne für die große Vielfalt der feinen Stücke aus Zwirn und Baumwolle. Es war – zumindest im ländlichen Raum – üblich, dass jede Frau zu ihrer Aussteuer 24 Paar handgestrickte Strümpfe hatte. In dieser Zeit entstanden auch die ersten Musterbücher, von denen wir heute noch profitieren.

Über die Entstehung der Loferl gibt es keine genauen Erkenntnisse. Es ist davon auszugehen, dass es aus praktischen Gründen zum Weglassen der Füßlinge kam. Schuhe waren teuer, wurden deshalb geschont oder passten nur für kurze Wege. Somit war Barfußlaufen angenehmer. Warum aber dann nicht gleich mit nackten Beinen? Es war höchst verpönt Rundungen, damit auch die Waden, unbedeckt zu zeigen.

Heute darf jeder zeigen, was er hat. Ein kunstvoll verpacktes Bein zieht die Blicke auf sich. Knielange Röcke und Schuhe mit höherem Absatz verlangen auch bei den Frauen nahezu nach »Wadenwärmern«. Diese haben den Vorteil, dass der fehlende Fußteil im Schuh nicht drückt. Noch ist der Anblick etwas ungewohnt, aber gerade deshalb sollten wir die »alte Mode« neu beleben.

Muster, Farben, Material und Macharten

Muster

Seit jeher funktionierten Muster fast wie eine eigene Sprache. Zum Beispiel dienten sie zur Unterscheidung von Regionen. Bei Frauen verrieten sie den Familienstand oder sie verwiesen auf die Religionszugehörigkeit und zeigten bestimmte Anlässe an: In Hessen wurden zum Beispiel für Trauerstrümpfe nur Muster gestrickt, die durch linke Maschen auf rechtem Grund entstehen. Und rotweiße Strümpfe etwa wurden von katholischen Frauen getragen, wogegen die evangelischen nur schwarzweißgeringelte anziehen durften.
Farben veränderten sich immer mit der Mode – nur in fest vorgegebenen Trachten blieben sie einheitlich. Zum Beispiel gehören zur Tracht der Frauen aus Dachau, nordwestlich von München, Strümpfe, die mit blauer Wolle gestrickt und danach weiß oder schwarz mit geometrischen Mustern bestickt werden.

Farbig geringelte Strümpfe wurden und werden eher in Niederbayern und Oberösterreich zu den Trachten getragen. Hier sind oft Namen, Nummerierungen und Herstellungsjahr eingearbeitet. Kunstvoll gearbeitete Strümpfe waren immer schon begehrte Geschenke.

Einzuhaltende Regeln für das Erscheinungsbild von Strümpfen und Stutzen gibt es heute nur noch in den Vereinen, die dadurch ihre Zusammengehörigkeit aufzeigen. Ansonsten können alle Muster, Farben und Macharten je nach Geschmack geschlechterübergreifend eingesetzt werden.

Ich unterscheide zwischen geschlossenen und löchrigen Flächen- und Modelmustern.

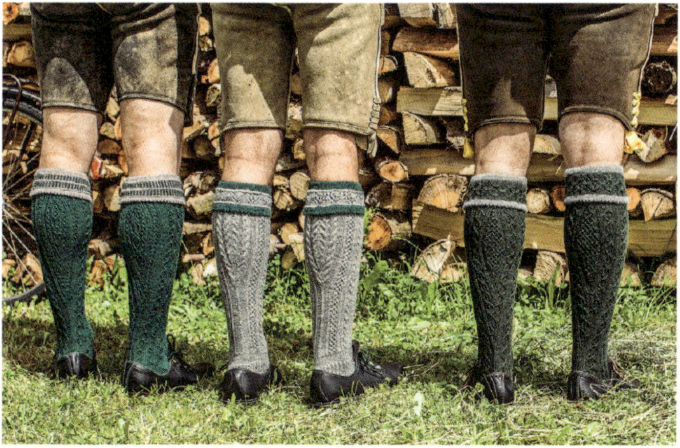

Flächenmuster (mit 2 Nadeln gestrickt) aller Art können verwendet werden. Bei der Nutzung im Nadelspiel (mit 5 Nadeln) werden allerdings die sogenannten Rückrunden gegengleich ausgeführt. Ist im Flächenmuster zum Beispiel angegeben alle Maschen der Rückreihe links zu stricken, dann bedeutet das für die Runde mit 5 Nadeln, die zweite Reihe nur mit rechten Maschen zu arbeiten. Zu Beginn der Arbeit sollte die Überlegung stehen, welches Maschenbild gewünscht ist. Flächenmuster setze ich dann ein, wenn ich ein einheitliches Bild erhalten will.

Geschlossene Muster werden eher für Männer, die **Lochmuster** meist für die Damen benutzt. Wobei das eine das andere, wie schon bemerkt, nicht ausschließt.

Alle nachfolgend beschriebenen Muster sind von rechts nach links zu lesen und zeigen einen Mustersatz.

Zeichenerklärung

o rechte Masche

x linke Masche

Wickelmaschen: 6 Maschen auf eine Hilfsnadel vor die Arbeit legen, den Faden zweimal um die 6 Maschen wickeln, dann die Maschen wieder 2 rechts, 2 links, 2 rechts abstricken

S 2 Maschen rechts verschränkt zusammenstricken

R 2 Maschen rechts zusammenstricken

X 1 Umschlag

3 Maschen links zusammenstricken

V 1 Masche rechts, 1 Masche links, 1 Masche rechts in 1 Masche zusammenstricken

+ 3 Maschen rechts zusammenstricken

$ 1 rechte Masche auf eine Hilfsnadel vor die Arbeit legen, die nächste Masche links arbeiten, die Masche der Hilfsnadel rechts verschränkt stricken

X nach links überheben – 1 rechte Masche auf eine Hilfsnadel vor die Arbeit legen, 1 Masche links, 1 Masche der Hilfsnadel rechts verschränkt stricken

O nach rechts überheben – 1 linke Masche hinter die Arbeit legen, die nächste Masche rechts verschränkt arbeiten, die Masche der Hilfsnadel links abstricken

oo 2 nach rechts gekreuzte Maschen – 1 Masche auf eine Hilfsnadel vor die Arbeit legen, die nächste Masche rechts arbeiten, dann die Masche der Hilfsnadel stricken

Muster 1 – »Tüpfchen«

2. Reihe: o x o x o x o x o x

1. Reihe: o o o o o o o o o o

Die Reihen 1 und 2 ständig abwechselnd wiederholen.

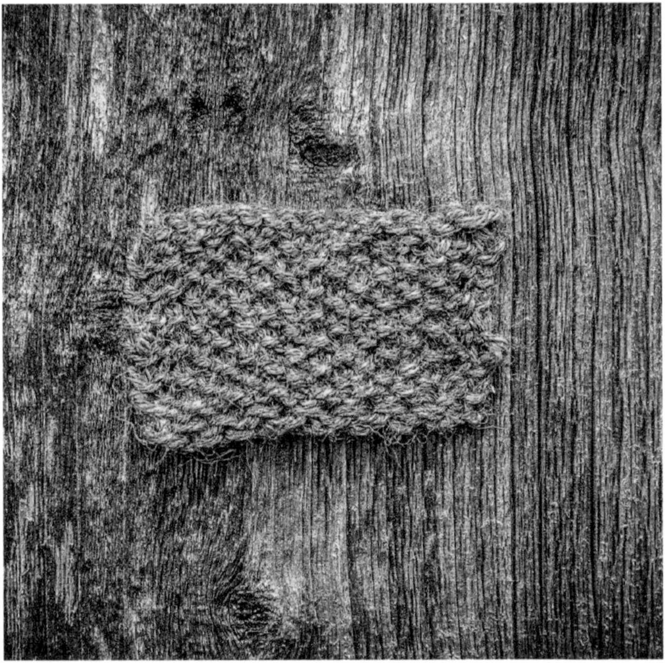

Muster 2 – »kleine Perlen«

2. Reihe:	o x o x o x o x o x
1. Reihe:	x o x o x o x o x o

Die Reihen 1 und 2 ständig abwechselnd wiederholen.

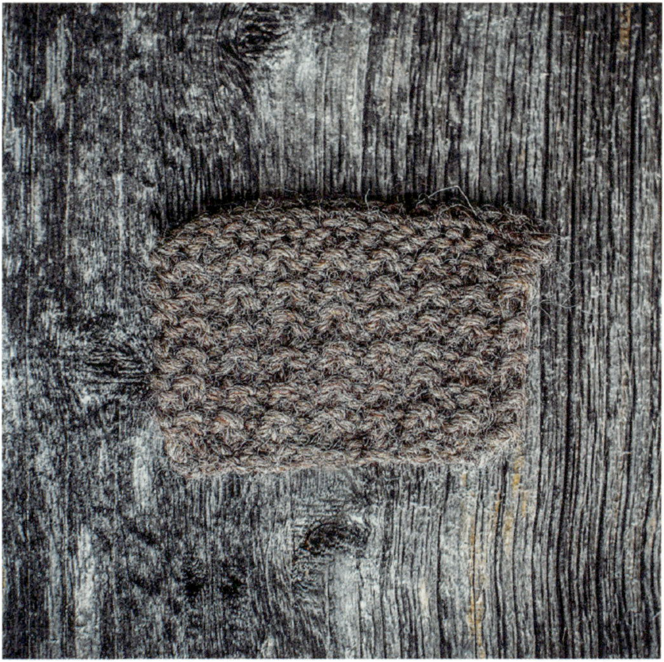

Muster 3 – »Hohenaschauer 1«

6. Reihe:	o x o x o x o x o x
5. Reihe:	o x o x o x o x o x
4. Reihe:	o x o x o x o x o x
3. Reihe:	x o x o x o x o x o
2. Reihe:	x o x o x o x o x o
1. Reihe:	x o x o x o x o x o

Die Reihen 1 bis 3 und 4 bis 6 ständig abwechselnd wiederholen, wobei die rechten Maschen einfach oder verschränkt gestrickt werden können.
Die bisher aufgeführten Muster sind als Komplett- oder als Teilmuster einsetzbar.

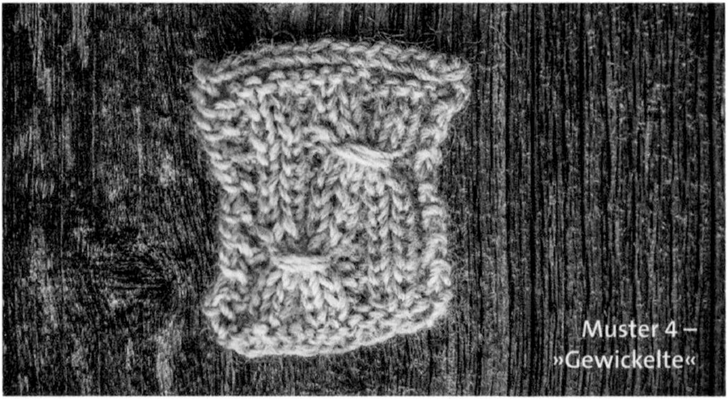

Muster 4 –
»Gewickelte«

Muster 4 – »Gewickelte«

Die angeschlagene Maschenzahl muss bei diesem Muster durch 10 teilbar sein.

12. Reihe:	o o x x 6 Wickelmaschen x x
7. – 11. Reihe wie 1 – 5. Reihe	
6. Reihe:	x x 6 Wickelmaschen x x
5. Reihe:	o o x x o o x x o o
4. Reihe:	o o x x o o x x o o
3. Reihe:	o o x x o o x x o o
2. Reihe:	o o x x o o x x o o
1. Reihe:	o o x x o o x x o o

Dieses Muster setze ich gerne für Umschläge oder als Anfangs- und Endmuster ein. In der 12. Reihe wird die Wickelung versetzt.

Lochmuster bekamen ihre Namen durch ihr Erscheinungsbild. Flora und Fauna lieferten dafür die Vorlagen. Rosenblätter, Pfauenfeder, große und kleine Wanzen begegnen uns in den Anleitungen genauso wie Zauberspiegel, Mandelkern und Kirschblüte. Die Auswahl der Muster und der Gedanke beim Stricken an die ungewohnten Namen zaubern oft ein Lächeln ins Gesicht (siehe folgende Seiten).

Muster 5 – »Blätter«

15. Reihe:	o o o o X R x S X o o o
13. Reihe:	o o o X o R x S o X o o
11. Reihe:	o o X o o R x S o o X o
9. Reihe:	o X o o o R x S o o o X
7. Reihe:	x S X o o o o o o o X R
5. Reihe:	x S o X o o o o o X o R
3. Reihe:	x S o o X o o o X o o R
1. Reihe:	x S o o o X o X o o o R

Bei diesem Muster werden die geraden Reihen 2, 4 etc. gestrickt, wie die Maschen erscheinen. Die Umschläge werden rechts gestrickt.

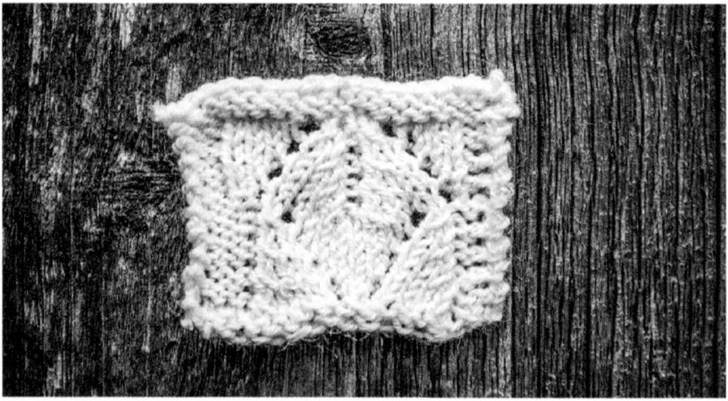

Muster 6 – »Röschen«

Die angeschlagene Maschenzahl muss durch 4 teilbar sein.

4. Reihe:	# V
3. Reihe:	o o o o
2. Reihe:	V #
1. Reihe:	o o o o

Die Reihen 1 bis 4 stets wiederholen.

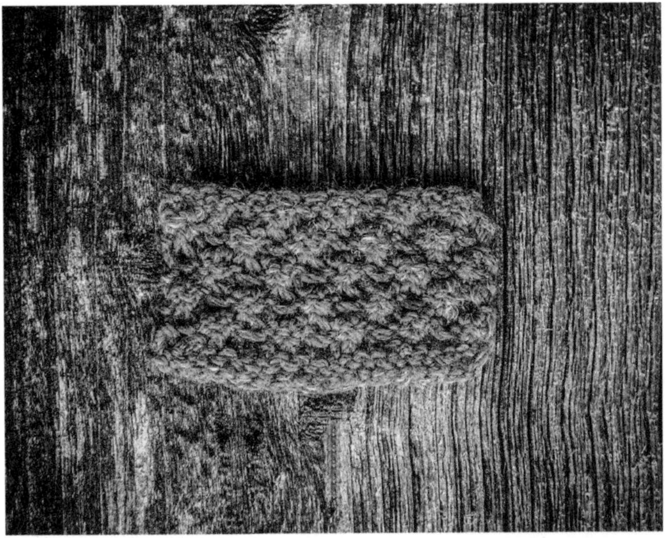

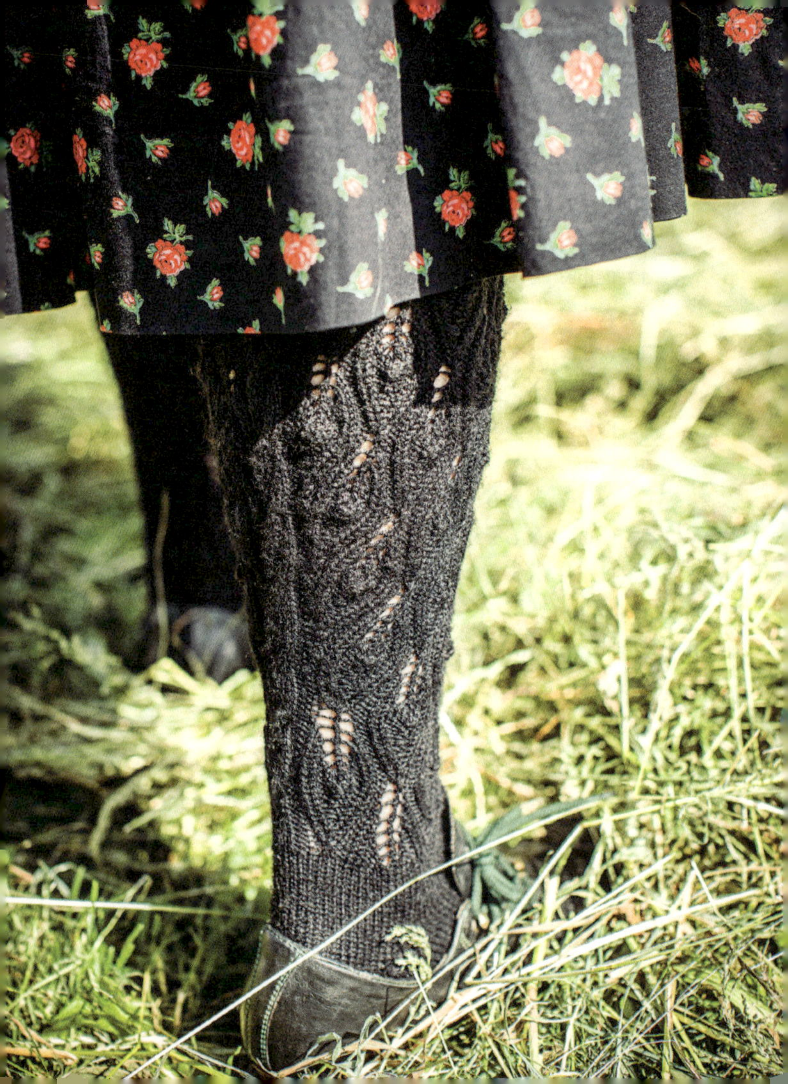

Muster 7 – »Tulpen«

23. Reihe:	xxooxxxXoXxxxooxx+
21. Reihe:	oxxooxxXoXxxooxxo+
19. Reihe:	ooxxooxXoXxooxxoo#
17. Reihe:	xooxxooXoXooxxoox#
15. Reihe:	xxooxxoXoXoxxooxx#
13. Reihe:	xxxooxxXoXxxooxxx#
11. Reihe:	Xxxxooxx+xxooxxxXo
9. Reihe:	Xxxooxxo+oxxooxxXo
7. Reihe:	Xxooxxoo#ooxxooxXo
5. Reihe:	Xooxxoox#xooxxooXo
3. Reihe:	Xoxxooxx#xxooxxoXo
1. Reihe:	Xxxooxxx#xxxooxxXo

In allen gerade nummerierten Reihen werden die Maschen gestrickt, wie sie erscheinen.

Modelmuster oder Zugmaschenmodel haben ihren Ursprung in der bäuerlichen Strickkunst. Die größte Anzahl der Muster ist aus Österreich überliefert. Model zeichnen sich durch plastisch hervorgehobene Maschen aus. Diese entstehen, indem sich rechts verschränkt gestrickte mit links gestrickten Maschen abwechseln. Dabei werden immer wieder Maschen nach rechts oder links übergehoben und unterschiedlich gekreuzt.

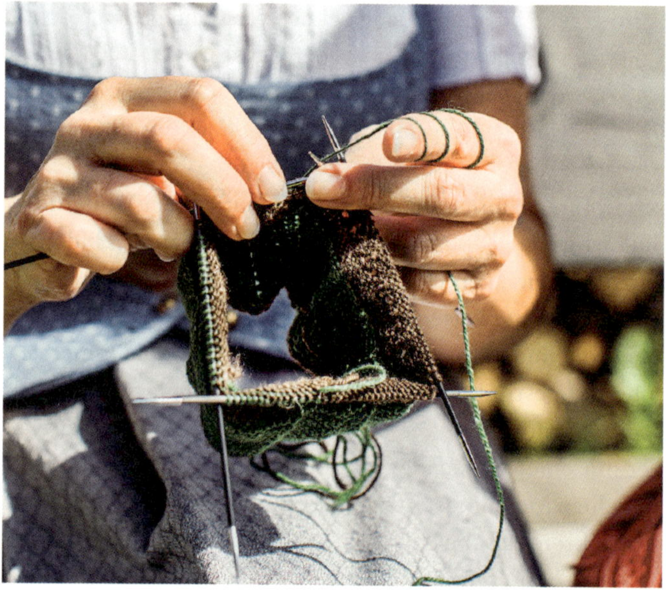

Die Namensgebung der Muster erfolgte aus dem ländlichen Alltag. Von den Geschichten, die früher durch die einzelnen Modelmuster erzählt wurden, sind heute nur noch die Namen übrig geblieben. Eine der überlieferten Geschichten erzählt, dass eine Strickerin noch nicht wusste, ob sich ihre Liebe zum ansässigen Jäger erfüllen würde. Ihre Sehnsucht, die über das »Almwegerl« zum »Jagersteig« führt, in »offener oder vergessener brennender Liab« mit »offenen oder geschlossenen Fensterl« konfrontiert wird, um beim Läuten der »Glöckerl« zum »Tränen«-reichen oder glücklich verschlungenem »Zopf«-Ende zu gelangen, stellt sie in den Mustern dar. Ob der Beschenkte allerdings die Muster lesen und die Botschaft verstehen konnte, bleibt ungewiss.
Geschichten werden nicht mehr erzählt, aber die Bereitschaft für jemanden Beinkleidung anzufertigen, ist definitiv ein Liebesdienst – entweder zur Person oder zum Handwerk. Je nach Region sollte ein Strumpf sechs bis sieben verschiedene Model aufweisen.
Bei Modelmustern werden die rechten Maschen immer verschränkt gestrickt. Dadurch heben sie sich plastischer vom Hintergrund ab. Die verschränkten Maschen werden entweder mit einer Hilfsnadel gearbeitet oder übergehoben. Die einzelnen Modelmuster werden von einer rechts verschränkt gestrickten Masche begrenzt.

Muster 8 – »Hohenaschauer 2«

9. Reihe: x x o x $ x x o x $ x x

8. Reihe: x x o x o x x o x o x x

7. Reihe: x x o x o x x o x o x x

6. Reihe: x x o x o x x o x o x x

5. Reihe: x x o x o x x o x o x x

4. Reihe: x x o x o x x o x o x x

3. Reihe: x x o x o x x o x o x x

2. Reihe: x x o x o x x o x o x x

1. Reihe: x x o x o x x o x o x x

Die Reihen 1 bis 9 stets wiederholen.

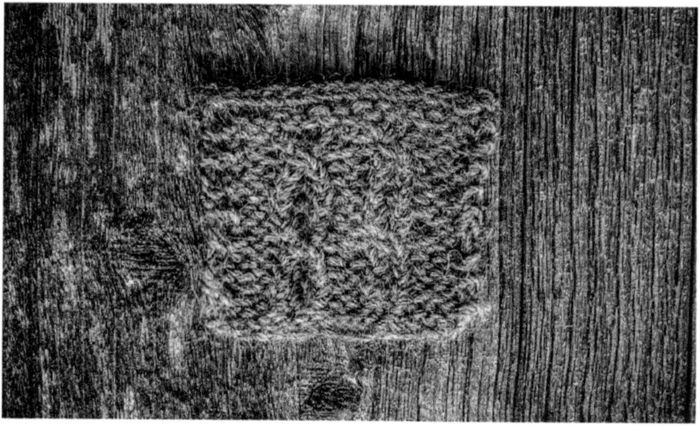

Muster 9 – »Almwegerl«

10. Reihe:	o x x x x **O** o
9. Reihe:	o x x x **O** x o
8. Reihe:	o x x **O** x x o
7. Reihe:	o x **O** x x x o
6. Reihe:	o o x x x x o
5. Reihe:	o **X** x x x x o
4. Reihe:	o x **X** x x x o
3. Reihe:	o x x **X** x x o
2. Reihe:	o x x x **X** x o
1. Reihe:	o x x x x o o

Die Reihen 1 bis 10 stets wiederholen.

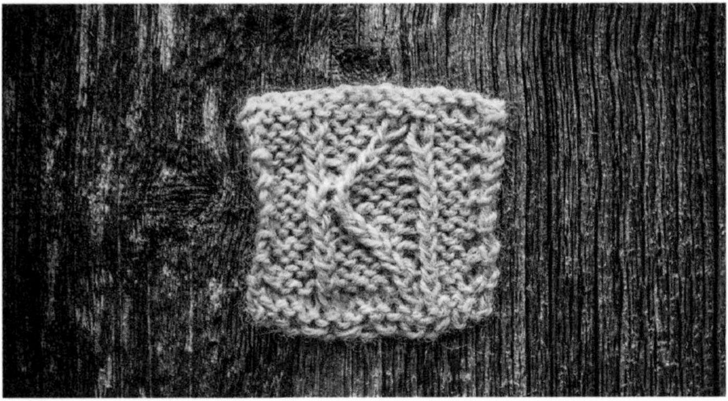

Muster 10 – »kleine Tränen«

6. Reihe: o o x x o o

5. Reihe: o o x x o o

4. Reihe: o **X** x x **O** o

3. Reihe: o x **oo** o x o

2. Reihe: o x **X O** x o

1. Reihe: o o x x o o

Die Reihen 1 bis 6 stets wiederholen.

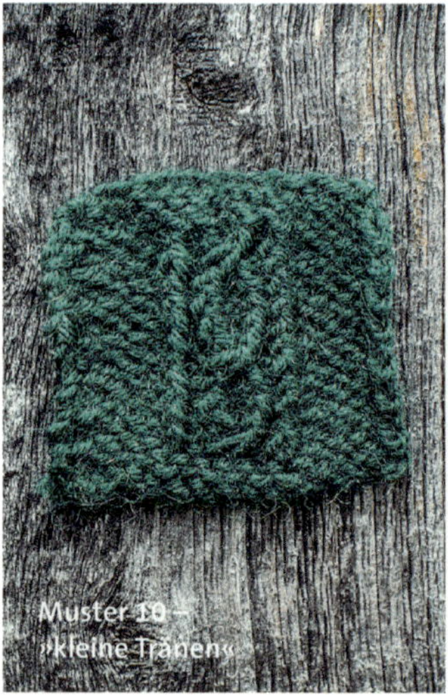

Muster 10 – »kleine Tränen«

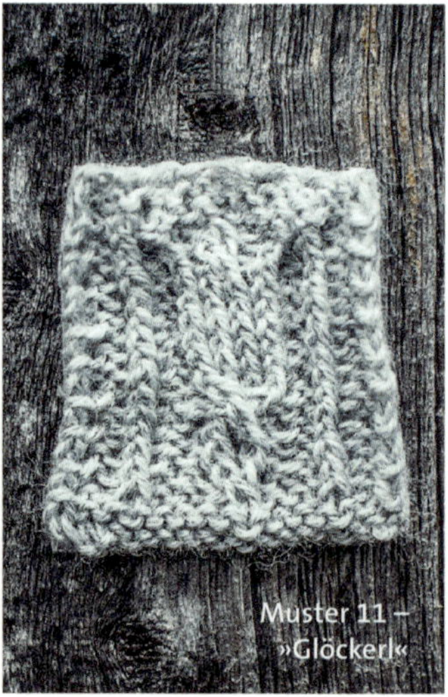

Muster 11 – »Glöckerl«

Muster 11 – »Glöckerl«

13. Reihe: o x x x **O X** x x x o

12. Reihe: o x x o x x o x x o

11. Reihe: o x x **X** x x **O** x x o

10. Reihe: o x x x **oo** x x x o

9. Reihe: o x x o o o o x x o

8. Reihe: o x x o o o o x x o

7. Reihe: o x x o o o o x x o

6. Reihe: o x x o o o o x x o

5. Reihe: o x x o o o o x x o

4. Reihe: o x x **O** o o **X** x x o

3. Reihe: o x **X** x o o x **O** x o

2. Reihe: o o x x **oo** x x o o

1. Reihe: o x x x o o x x x o

Die Reihen 1 bis 13 stets wiederholen.

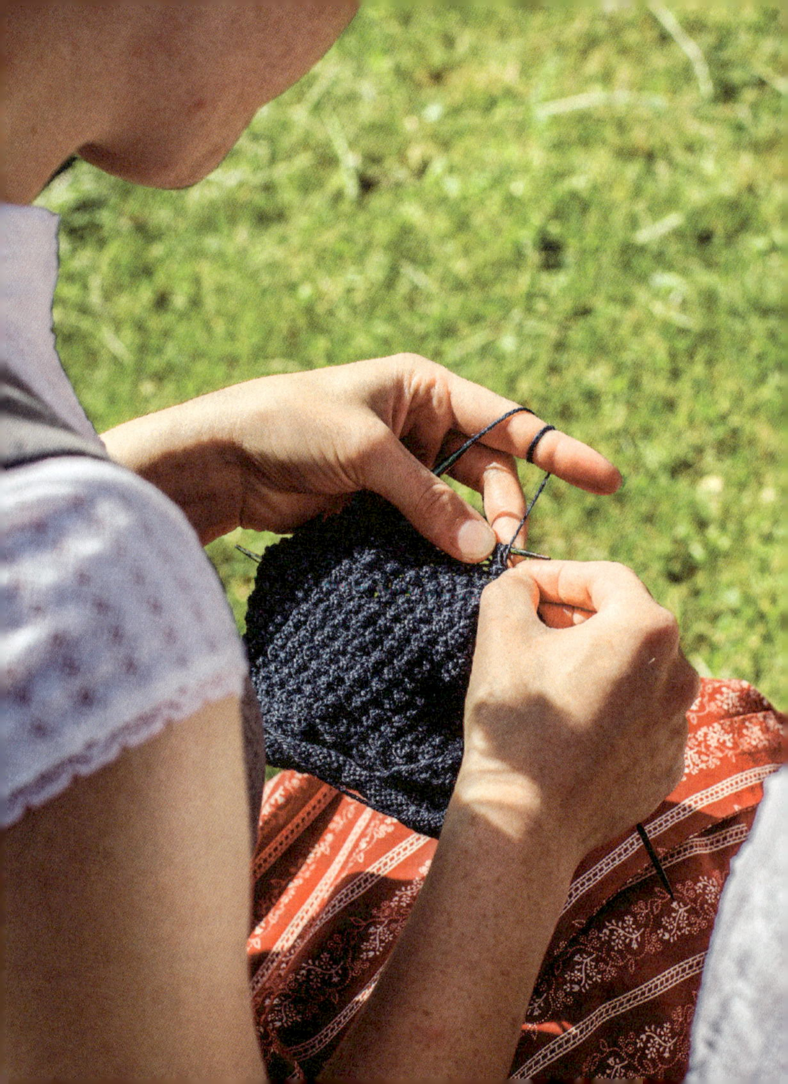

Muster 12 – »offene Liab«

4. Reihe:	o x **oo** x x **oo** x x **oo** x o
3. Reihe:	o x **O X** x x **O X** x x **O X** x o
2. Reihe:	o o x x **oo** x x **oo** x x o o
1. Reihe:	o o x x o o x x o o x x o o

Die 2. bis 4. Reihe stets wiederholen. Das Muster kann auch in die andere Richtung verlaufend gestrickt werden. Dafür die Kreuzungsreihen nach rechts kreuzen anstatt nach links.

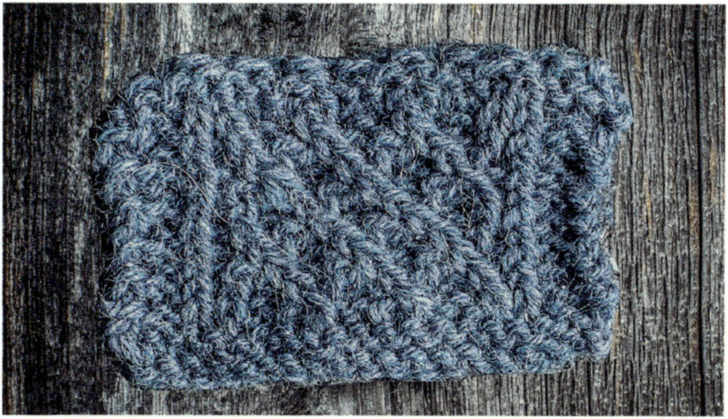

Für Kinderloferl sollten eher kleine Muster gewählt werden. Bei dünnen Beinen empfehle ich auftragende Muster wie mehrfach gedrehte Zöpfe oder plastische Model.

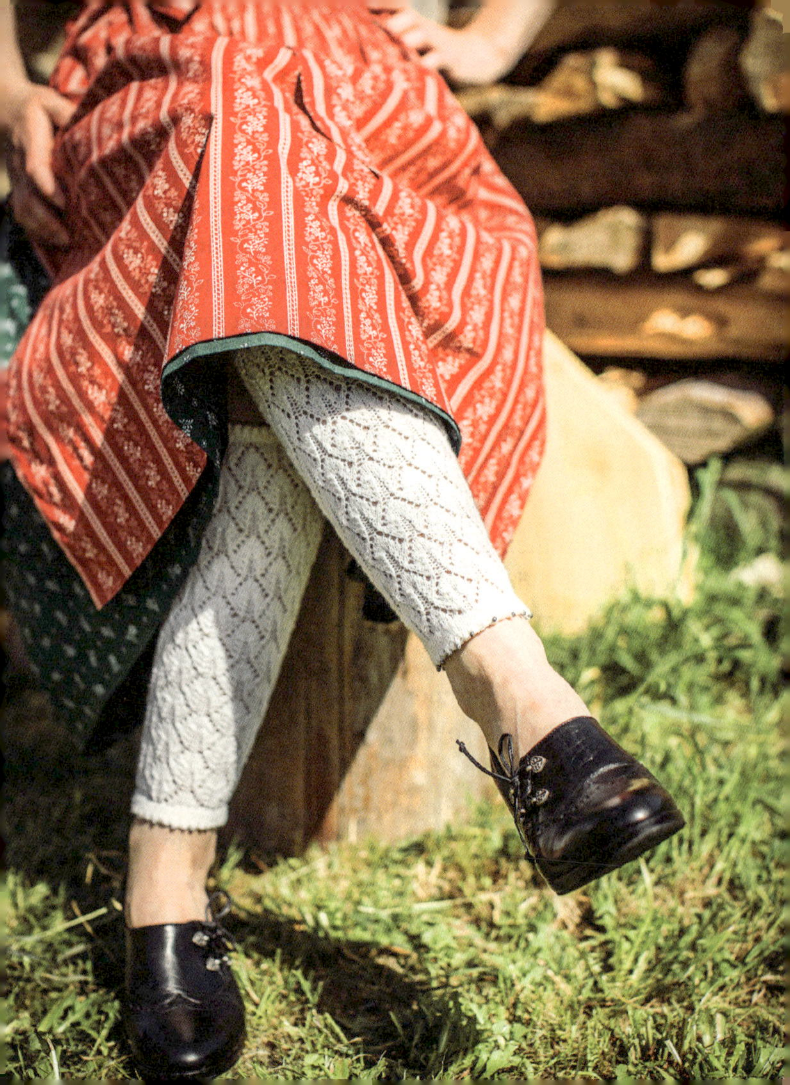

Farbauswahl

Traditionell werden für die Männerstutzen und -loferl unterschiedliche Grau-, Blau- und Brauntöne verarbeitet. Bei den Grüntönen unterscheidet man zwischen dem dunklen, frischeren Wald- und dem gedeckten Jägergrün. Jägergrün deshalb, weil die einheitliche »Tarnkleidung« der Jäger diesem Farbton entspricht. Oft kombiniert man zwei harmonierende Farbtöne. Die Frauen greifen meist zu natürlichem oder strahlendem Weiß, damit es zu allen Gewändern passt.

Im Grunde ist das schade, denn die Vielfalt der Farben ermöglicht eine persönlich individuelle Gestaltung, und wir sollten diese Freiheit nutzen. Dies bedarf vielleicht etwas Mut der Trägerin oder des Trägers – doch so kehren wir wieder ein bisschen zurück zu den Geschichten, die Loferl und Strümpfe erzählen.

Unterscheiden können wir noch zwischen industriell gefärbter und handgefärbter Wolle. Industriell gefärbte gibt es in sogenannten Partien farbstabil. Handgefärbte Wolle weist oft kleine Farbunterschiede auf, die aber sehr hübsch sein können. Ein kleiner Hinweis: handgefärbte Wolle zur Sicherheit vor Farbausbluten lieber separiert von anderer Kleidung waschen.

Material – Garne

Die Grundlage für Ihr Kunstwerk sollte nur bestes Material sein. Ansonsten rentiert sich der doch hohe Zeitaufwand nicht. Schurwolle von Schafen oder Alpakas hat die Vorteile gut zu absorbieren, das heißt Flüssigkeit aufzunehmen, und die Temperatur auszugleichen. Oft eignet sie sich aber nicht für sensible Haut. Da ist eine fein gesponnene Merinowolle besser verträglich. Mischgarne, oft als Sockenwolle angeboten, garantieren Formstabilität, Strapazierfähigkeit und gute Wascheigenschaften.

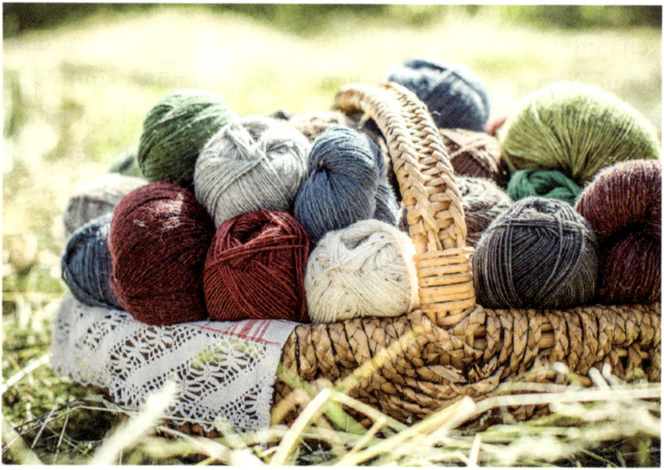

Trotzdem achte ich persönlich gern auf einen hohen Schurwollanteil. Pflanzenfasern können ebenso Bestandteil des Garnes sein. Leinen, Baumwolle oder Bambus sind gerade in den warmen Monaten schöne Materialien. Nicht zu vergessen ist natürlich die Seide. Aber auch sie dient nur als Bestandteil, der Formstabilität erhält. Die letztgenannten Qualitäten bieten wunderbaren Glanz, während die Schurwolle eher matt ist.
Mit der Mischung von verschiedenen Garnqualitäten lassen sich oft unglaublich schöne Effekte erzielen. Achten Sie aber darauf, dass das Garn in sich gut gedreht ist. Damit vermeiden Sie die ungeliebten Wollkügelchen auf der Strickarbeit.
Bei Strümpfen kann im Fersen- und Spitzenbereich ein sogenanntes verstärkendes Beilaufgarn mitgestrickt werden, damit diese belasteten Stellen besser geschützt sind. Eine andere Variante ist, Ferse und Spitze mit doppeltem Faden zu arbeiten. Von den verschiedenen Wollstärken benutze ich in der Regel sogenannte Vierfachwolle. Für besonders dicke Strümpfe ist die sechsfach gedrehte Wolle sinnvoller.
Sollten Sie Ihr Strickwerk mit Stickereien ausarbeiten wollen, empfehle ich auch hier hochwertige, farbstabile Garne. Oft bleiben bei anderen Strickprojekten auch Reste übrig, die bei der Verzierung von Loferl oder Strümpfen gute Dienste leisten.

Materialmenge

Die Menge der Wolle richtet sich nach deren Lauflänge, nach der Musterauswahl, Farbzusammenstellung, der Größe und der Arbeitsweise. Dazu informieren Sie sich bitte in Ihrem Fachgeschäft, bis Sie auf Ihre eigene Erfahrung zurückgreifen können. In der Regel benötige ich für Loferl im Durchschnitt 100 bis 150 Gramm Wolle. Für Strümpfe rechne ich 200 bis 250 Gramm Material ein.

Nadeln

Die Nadelstärken des Nadelspiels richten sich logischerweise nach der Wollstärke. Im Normalfall wird mit der Nadelstärke 2 oder 2,5 gearbeitet. Zu berücksichtigen ist aber auch die individuelle Arbeitsweise. Erscheint Ihr Strickwerk zu locker, empfehle ich die Nadeln eine halbe bis eine Stufe dünner zu wählen. Umgekehrt, wenn Ihre Arbeit zu eng wird, nehmen Sie einfach entsprechend dickere Nadeln. Stricknadeln müssen an die eigenen Eigenheiten und Bedürfnisse angepasst werden. Es gibt sie auch in unterschiedlichen Längen, da zum Beispiel Kinderstrümpfe mit kurzen Nadeln leichter zu stricken sind. Nadelspiele aus Holz sind oft edle Restprodukte der Instrumentenbauer. Meist wird Birkenholz dafür verarbeitet. Sie finden aber auch Nadeln aus Palisander, Eben-, Rosen- oder Veilchenholz. Bambus oder Palmfasern werden ebenso genutzt.

Sollten Sie kalte oder feuchte Hände haben, sind die Naturprodukte ideal. Außerdem laden sie sich nicht elektrostatisch auf und sind durch das geringe Gewicht gelenkschonend. Der Nachteil ist, dass sie brechen können.

Wer die Arbeit hören will, greift zu Nadeln aus Metall. Sie klappern, sind stabil, glatt und gleiten gut durch die Maschen, was allerdings bei großen Lochmustern zur Geduldsprobe werden kann. Wer fest strickt, wird mit den Nadelspielen aus Stahl, Messing oder Aluminium gut beraten sein.

Karbonnadeln bestehen aus Kunststoff und Kohlenstofffasern. Sie sind sehr leicht und extrem belastbar – ideal für Vielstricker.

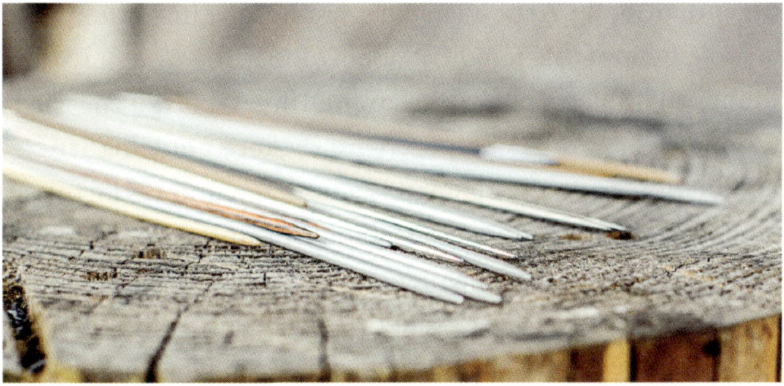

Macharten

Für Strümpfe und Loferl gelten folgende Anmerkungen gleichermaßen. Sie unterscheiden sich nur in der Länge und beim Loferl fehlt der Fußteil. Kniebundhosenstrümpfe brauchen oben einen breiten elastischen Bund, damit sie nicht rutschen. Ich stricke diesen meist im »Zwei rechts, zwei links«-Muster, wobei ich die rechten Maschen verschränkt arbeite. Damit erziele ich elastische Stabilität. Strümpfe und Loferl, die unter dem Knie beginnen, haben entweder einen einfachen geraden oder gezackten Rand oder einen Umschlag, der unabhängig vom Hauptteil in Farbe und Muster gestaltet werden kann.
Die Vorderseite des Strumpfes wird vom gewählten Muster geprägt. Für die Rückseite gibt es wieder verschiedene Varianten. Hier muss die Wade herausgearbeitet werden:

Variante 1: Das Grundmuster wird bis zum Ende der Wade in Runden durchgestrickt. Dann wird die hintere Mitte markiert und dem Muster gemäß mit den Abnahmen bis zur gewünschten Weite und Länge weitergemacht.

Variante 2: Die hintere Mitte wird von Anfang an mit einem »Nahtl« angelegt. Das kann entweder ein beliebig breiter, meist rechts gestrickter, Streifen oder ein nach unten durchlaufendes Muster, zum Beispiel ein Zopf, sein. Dabei werden für die Wade seitlich des Nahtl die nötigen Maschen dem Muster gemäß auf- oder abgenommen.

Variante 3: Der Wadenteil wird komplett durch einen gemusterten Wadenkeil gearbeitet. Der ist bei den österreichischen Modellen üblich und das beste Indiz für Handarbeit, denn diese kunstvollen Keile können nur mit der Hand gestrickt werden. Eine industrielle Anfertigung ist bis heute nicht möglich. Ich bevorzuge die dritte Variante, weil es die Wade besonders schön in Szene setzt. Die besten Anleitungen dafür finden Sie in den Büchern *Bäuerliches Stricken* Band 1–3 von Lisl Fanderl und in den Heften *Strickmuster aus dem Steirischen Ennstal* von Maria Erlbacher.

Als Abschluss wiederhole ich bei Loferl meistens das Randsegment, ein Bundmuster in verkleinerter Form oder schließe mit einem elastischen Muster ab. Wenn man Muster nur auslaufen lässt, rollen sich die Strickwerke oft auf. Handbreit bis knöchellang werden Loferl in jeder Länge getragen. Die Frage nach der richtigen Länge kann nur der oder die zukünftige Träger/in beantworten. Ungebunden an eine Tradition sollte die Länge zur Statur passen.

Anlage von Loferl und Strumpf

Verschiedene Vorgehensweisen sind möglich. Sie können sich an der Einteilung des Musters orientieren, einfach drauflosstricken und dann die passenden Wadl dazu finden. Viele arbeiten nach Augenmaß, was kein Problem darstellt, wenn Sie den/die zukünftige/n Träger/in zur Probe in der Nähe haben. Für eine genaue Passform empfehle ich Maße zu nehmen.

Benötigt werden folgende Umfänge und Längen:

- ☞ Umfang unter dem Knie
- ☞ Umfang an der dicksten Stelle der Wade
- ☞ Umfang unter der Wade
- ☞ Umfang über dem Knöchel
- ☞ mögliche Länge für Loferl
- ☞ Strumpflänge

Fußmaße zur Erarbeitung einer passgenauen Fußspitze:

- ☞ Gesamtlänge
- ☞ Länge bis zur kleinen Zehe

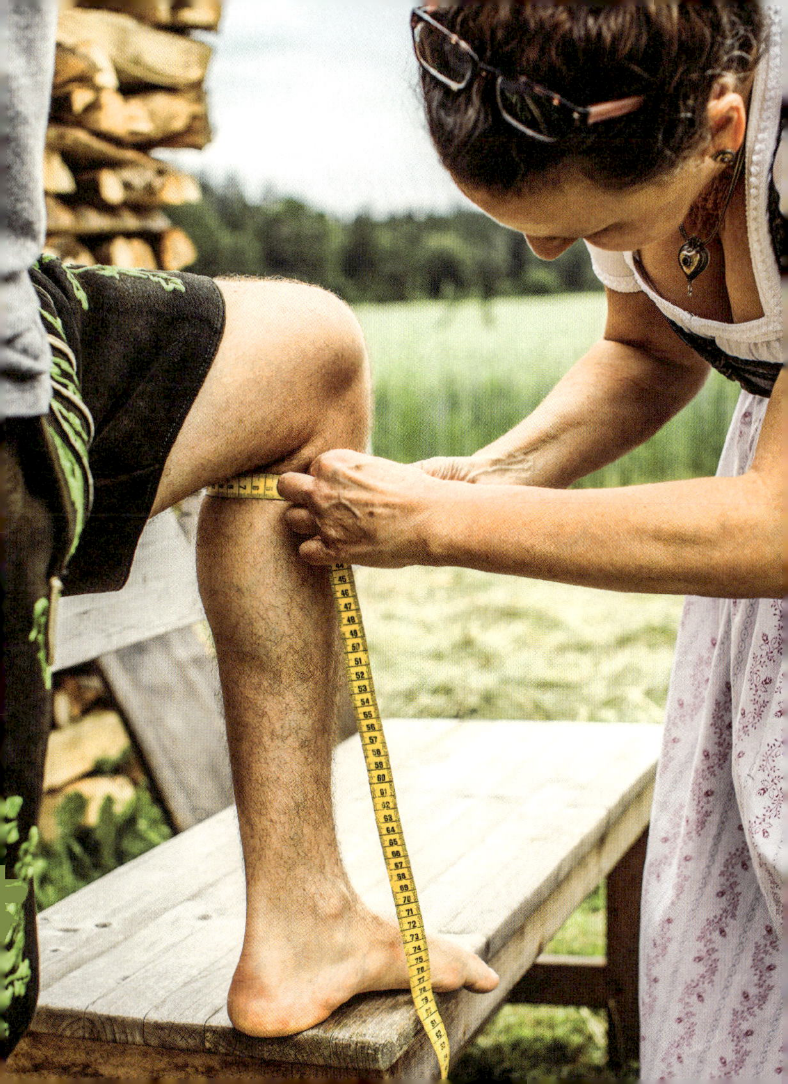

Maschenprobe

Wenn Sie unbekannte Muster probieren oder neue Wollqualitäten verarbeiten, sollten Sie unbedingt eine Maschenprobe anfertigen. Um die korrekte Maschenzahl für das Strickwerk zu errechnen, wird die Maschenzahl für einen Zentimeter ermittelt. Schlagen Sie dafür 10 Maschen in der Breite an und stricken Sie 10 Reihen rechte Maschen in die Höhe. Leicht gedehnt ergibt sich zum Beispiel mit 3 Maschen und 4 Reihen dieses Zentimetermaß.
Bei Lochmustern sollte unbedingt das vorgegebene Muster gestrickt werden, da hier die Dehnung größer ist.
Grundsätzlich stricke ich lieber ein paar Maschen mehr, damit die Muster nicht extrem gedehnt werden. Besonders bei den »gemodelten« Strümpfen ergibt sich so ein schöneres Bild.

Strumpfsegmente

Rand

Um ein Woll- oder Gummiband für den besseren Halt einziehen zu können, stricken Sie diesen glatt oder mit »Mäusezähnchen«.

Dafür die errechnete Maschenzahl anschlagen und gleichmäßig auf die vier Nadeln verteilen.
6 Reihen rechte Maschen stricken.
In der 7. Reihe entweder linke Maschen stricken oder mit den Mäusezähnchen fortfahren.

Mäusezähnchen: abwechselnd 2 Maschen rechts zusammenstricken und 1 Umschlag, dann wieder 6 Reihen rechte Maschen stricken. Die ersten 6 Reihen werden als »Tunnel« nach innen geschlagen und angenäht. Oft wird der Rand in einer anderen, zur Grundfarbe des Strumpfes passenden Farbe gearbeitet.

Umschlag

Wenn Sie einen Umschlag stricken wollen, wählen Sie ein geeignetes Muster und legen das nach dem Rand an, der hier zum unteren Abschluss wird. Nach 4 bis 6 Zentimetern stricken Sie erneut das Randsegment, jetzt für den oberen Abschluss. Danach wird die Arbeit mit den Nadeln auf die linke Seite gewendet. Nun stricken Sie den Hauptteil.

Hauptteil

Muster auswählen, einteilen und mit den nötigen Zu- und Abnahmen für die Wade in der gewünschten Länge stricken.

Abschluss bei Loferl

Möglichkeit 1: Muster auslaufen lassen.

Achtung: Hier besteht die Gefahr des Einrollens!

Möglichkeit 2: In gleicher oder Randfarbe Rollen stricken – 3 Reihen rechts, 1 Reihe links; so oft wiederholen, wie es Ihnen gefällt. **Achtung:** Gesamtlänge beachten!

Möglichkeit 3: Das Randsegment wiederholen.

Fußteil

Hier empfehle ich, das Hauptmuster auf den beiden Nadeln der Fußoberseite weiterzustricken, damit der Übergang in den Schuh schöner ist. Den Übergang zur Ferse stricke ich mit 10 Reihen rechter Maschen.

Ferse mit verkürzten Reihen

Diese Form der Ferse zeichnet sich durch eine gute Passform aus. Außerdem ergibt sich die Möglichkeit, ein verstärkendes Beilaufgarn mitzustricken.

Die Ferse wird in Hin- und Rückreihen gearbeitet. Die beiden Nadeln für die Fußoberseite ruhen. Über die beiden rückwärtigen Nadeln zuerst 2 Reihen – in der Hinreihe rechte und in der Rückreihe linke Maschen – arbeiten. Dann auf der rechten Seite die Maschen mit Hilfsfäden optisch in drei Abschnitte teilen. Nun werden sogenannte verkürzte Reihen mit doppelten Maschen von außen nach innen über die Maschen der Außenteile und über die jeweils äußere Masche des mittleren Drittels gearbeitet. Begonnen wird mit der äußeren Masche der 1. bzw. 4. Nadel.

1. Reihe: Alle Maschen einschließlich der letzten Masche der 1. Nadel rechts stricken, wenden.

2. Reihe (Rückreihe): Eine doppelte Masche arbeiten. Dafür wird der Faden vor die Arbeit gelegt, dann stechen Sie in die erste Masche und heben den Faden mit der Masche zusammen ab. Dabei den Faden fest nach hinten ziehen. Wird der Faden nicht fest angezogen, entstehen später Löcher. Nun den Faden wieder nach vorne nehmen und alle Maschen einschließlich der letzten Masche der 4. Nadel links stricken und wenden.

3. Reihe: Erneut eine doppelte Masche arbeiten, dann alle Maschen bis zur doppelten Masche am Reihenende rechts stricken (die doppelte Masche bleibt ungestrickt), wenden.

4. Reihe: Eine doppelte Masche arbeiten und wieder bis vor die doppelte Masche stricken, wenden.

Die 3. und 4. Reihe wiederholen, bis die letzten doppelten Maschen mit den äußeren Maschen des mittleren Drittels der Fersenmaschen verarbeitet sind.

Nun zwei Runden über alle Maschen (über die Fersenmaschen rechts, über die Maschen der Fußoberseite im Grundmuster) stricken. Dabei in der 1. Runde bei den doppelten

Maschen beide Maschenteile zugleich erfassen und als 1 Masche rechts abstricken. Nach den zwei Runden geht die Aufnahme der verschränkten Maschen anders herum. Nämlich von innen nach außen:

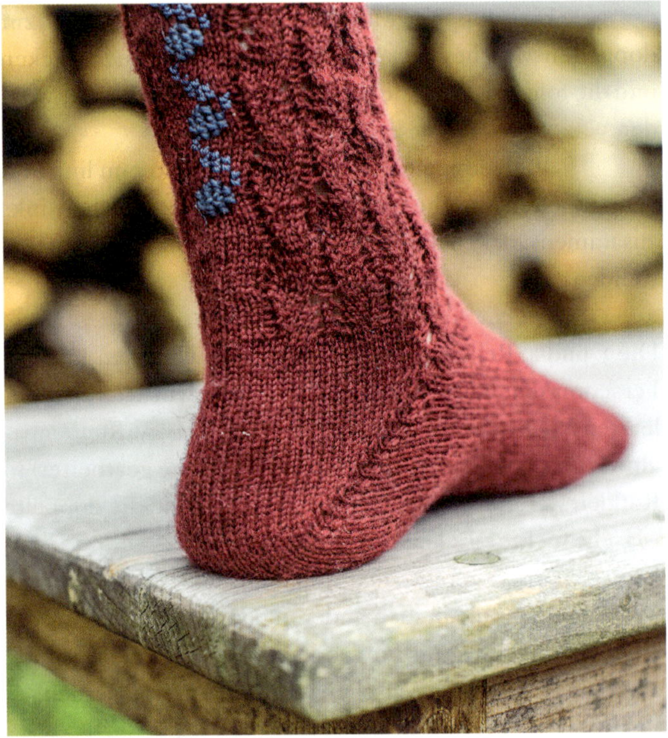

1. Reihe (Hinreihe): Alle Maschen einschließlich der letzten Masche des mittleren Drittels rechts stricken, wenden.
2. Reihe (Rückreihe): Eine doppelte Masche arbeiten. Nun links bis einschließlich der letzten Masche des mittleren Drittels zurückstricken, wieder wenden.
3. Reihe: Eine doppelte Masche arbeiten. Nun rechts bis zur doppelten Masche stricken, diese rechts zusammenstricken und die folgende Masche rechts stricken, dann wieder wenden.
4. Reihe: Eine doppelte Masche arbeiten und nun links bis zur doppelten Masche stricken. Diese wie beschrieben links zusammenstricken. Die folgende Masche links stricken und wenden.

Die 3. und 4. Reihe wiederholen, bis auch über den äußeren Fersenmaschen eine Doppelte gestrickt wurde. Nach der letzten Rückreihe (in der folgenden Reihe bzw. Rundenbeginn wird noch einmal eine doppelte Masche gearbeitet) in Runden weiterarbeiten, dabei in der 1. Runde die doppelte Masche rechts stricken.
Danach wird weitergestrickt – über die Fersennadeln rechte Maschen, über die beiden anderen das Muster –, entweder bis zum Spitzenbeginn durch oder für ca. 10 Zentimeter und dann kann in rechten Maschen weitergearbeitet werden.

Asymmetrische Fußspitze

Nachdem mein Mann immer über zu viel Material im Schuh jammerte, habe ich mir eine passgenaue Spitze überlegt.

Anleitung für das rechte Fußteil

Sobald Sie die Fußlänge bis zur kleinen Zehe gestrickt haben, beginnen Sie hier mit der Abnahme für die Schräge. Die Maschen sind gleichmäßig auf die vier Nadeln verteilt. Die obere rechte Nadel bezeichne ich als Nadel 1.

1. Reihe: Hier beginnend 1 Masche rechts, die nächsten beiden rechts verschränkt zusammenstricken – durcharbeiten bis zu den letzten drei Maschen der Nadel 4. Jetzt 2 Maschen rechts zusammenstricken, danach wieder 1 Masche rechts stricken.

2. Reihe: rechte Maschen durchstricken.

Die Reihen 1 und 2 bitte drei- bis fünfmal wiederholen. Danach die Abnahme in jeder Reihe arbeiten – hier kommt es nun auf die Zehenlänge an. Diese Abnahmen 10- bis 15-mal wiederholen bis zum Beginn der Großzehenrundung. Jetzt parallel am Ende der Nadel 2 die zweit- und drittletzte Masche rechts zusammenstricken, die letzte Masche rechts stricken. Am Anfang der Nadel 3 eine Masche rechts und die nächsten beiden Maschen zusammen rechtsverschränkt

stricken. Diese Abnahme in jeder Reihe so lange wiederholen, bis noch 8 bis 10 Maschen übrig sind. Jetzt die Arbeit wenden und die Restmaschen zusammen abketten.
So entsteht ein schönes seitliches Band. Die Spitze für den linken Fuß wird genau gegengleich gearbeitet.

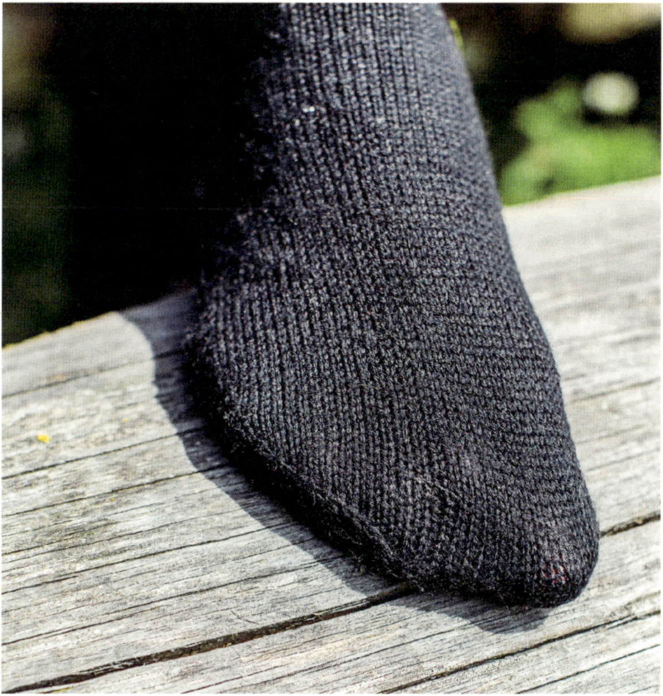

Stutzerl und Kinderloferl

»Stutzerl« ist in Bayern ein Kosename für »die Kleinsten«, deshalb nenne ich die ersten Wadenwärmer so, die ein Kind bekommt.
Meist ist die Länge der ersten Lederhose vorrausschauend gewählt und reicht noch weit über das Knie und deshalb stimmt die Proportion zur Beinlänge nicht, wenn man die Loferl in normaler Länge strickt. Aus diesem Grund habe ich mir für meinen ersten Enkelsohn »Stutzerl« ausgedacht.

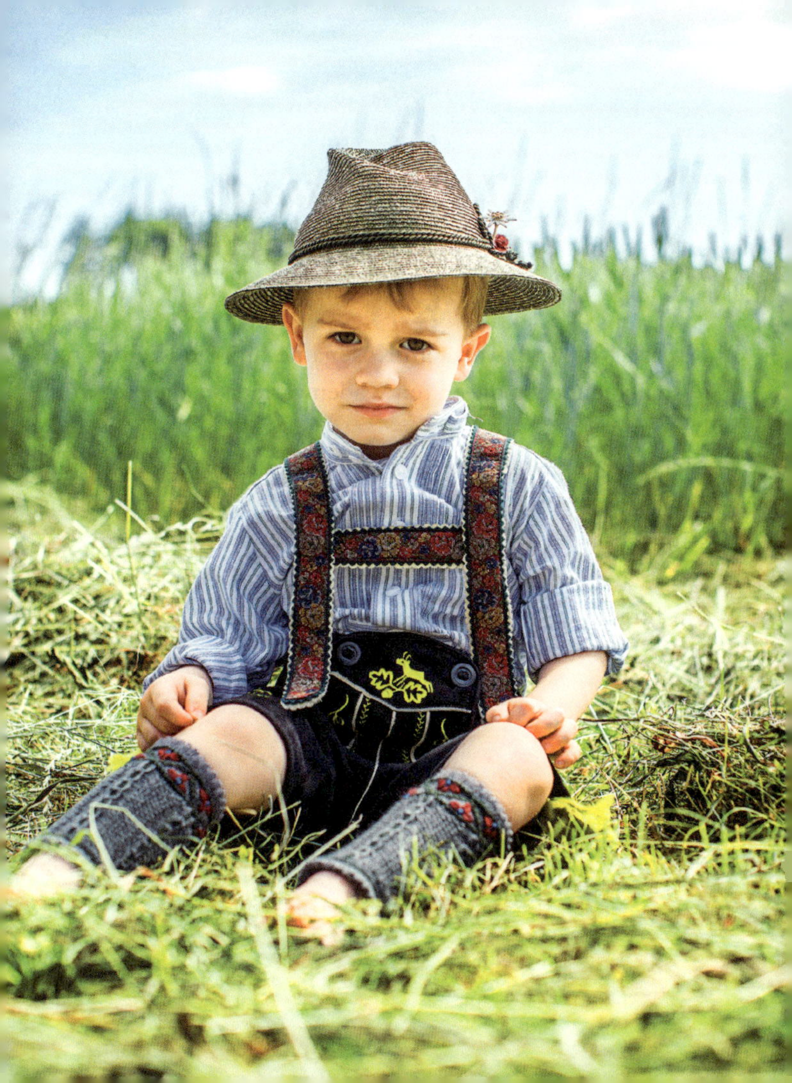

Anleitung für »Stutzerl«

Die Größe ist für 1- bis 2-Jährige geeignet.
Als Material empfehle ich für Kinder feine Merinowolle, da sie besonders hautverträglich ist. Auch Wollreste finden hier ihre Verwendung.
Alle rechten Maschen in der folgenden Anleitung sind verschränkt gearbeitet.

Rand

52 Maschen in der Randfarbe anschlagen und auf das Nadelspiel verteilen. Das erscheint viel – ich finde jedoch, die »Stutzerl« sollen locker über den Schuhrand gehen.

1.–3. Reihe: rechte Maschen stricken
4. Reihe: »Mäusezähnchen«: im Wechsel 2 Maschen rechts zusammenstricken – 1 Umschlag
5.–7. Reihe: rechte Maschen stricken

Hauptteil

1. Reihe: linke Maschen in einer Kontrastfarbe stricken
2. Reihe: rechte Maschen, ebenso in der Konstrastfarbe
Farbwechsel
3.–6. Reihe: rechte Maschen
Farbwechsel

7. Reihe: linke Maschen in der Kontrastfarbe

8. Reihe: rechte Maschen in der Kontrastfarbe

Jetzt folgen 12 Reihen im Muster 2 (siehe Seite 17).
Um etwas Form zu bekommen, können in der 20. Reihe 4 bis 6 Maschen verteilt abgenommen werden.

21. Reihe: rechte Maschen

Farbwechsel zur Kontrastfarbe

22. Reihe: rechte Maschen

23. Reihe: linke Maschen

24. Reihe: rechte Maschen

Farbwechsel zur Grundfarbe

Abschluss

Das Randsegment wie oben beschrieben stricken, die Maschen abketten und nach innen umgeschlagen festnähen. Dann ein Gummiband einziehen.
Die rechten Reihen nach dem oberen Rand können beliebig mit dem Maschenstich verziert werden.

Kinderloferl für 3- bis 5-Jährige

Sie benötigen ca. 50 Gramm in einer Haupt- und Wollreste in einer Kontrastfarbe sowie Woll- oder Garnreste für die Stickerei. Alle rechten Maschen in der folgenden Anleitung sind verschränkt gearbeitet.
Zu Beginn 60 Maschen in der Grundfarbe anschlagen und auf den Nadeln verteilen.

Rand

1.–5. Reihe: rechte Maschen stricken

6. Reihe: »Mäusezähnchen«

7.–10. Reihe: rechte Maschen

Hauptteil

1. Reihe: rechte Maschen in der Kontrastfarbe

2. Reihe: linke Maschen

3. Reihe: rechte Maschen

Farbwechsel

4.–14. Reihe: rechte Maschen in der Grundfarbe

Farbwechsel

15. Reihe: rechte Maschen in der Kontrastfarbe

16. Reihe: linke Maschen

17. Reihe: rechte Maschen

Mustersatz A

1.–6. Reihe: 2 linke Maschen, 1 rechte Masche, 1 linke Masche, 1 rechte Masche, 2 linke Maschen

7. Reihe: 2 linke Maschen, 1 rechte und 1 linke Masche auf eine Hilfsnadel hinter die Arbeit legen, 1 rechte Masche stricken, zuerst die linke Masche der Hilfsnadel, dann die rechte Masche stricken, 2 linke Maschen

Die Reihen 1 bis 7 stets wiederholen.

Mustersatz B

6 Maschen vom Muster 2 (siehe Seite 17).

Wadenkeil

Der Wadenkeil wird in der hinteren Mitte eingefügt und im Muster 2 gearbeitet. Die rechten Maschen werden verschränkt gestrickt.

1. Reihe: 2 rechte Maschen (bilden hier die Abgrenzung)

2. Reihe: 1 rechte Masche, 1 Masche zwischen den beiden rechten Maschen aufnehmen und links stricken, 1 rechte Masche

3. Reihe: 1 rechte Masche, 1 linke Masche aufnehmen, 1 rechte Masche, 1 linke Masche aufnehmen, 1 rechte Masche

4.–6. Reihe: mit der Zunahme dem Muster gemäß fortfahren. Dies ergibt 9 Maschen im Muster 2 zwischen den beiden Begrenzungsmaschen.

14 Reihen im Muster 2

21.–38. Reihe: in jeder Reihe nach und vor der Begrenzungsmasche je 1 Masche dem Muster gemäß abnehmen.

39. Reihe: die beiden rechten Maschen links zusammenstricken.

Nach dem Wadenkeil bleiben 5 linke Maschen zwischen den Mustersätzen. In jeder 2. Reihe jeweils 1 linke Masche abnehmen bis 1 übrig bleibt.

Die Mustereinteilung der Loferl beginne ich mit dem Wadenkeil.
2 rechte Maschen stricken (davon 1 Masche rechts aus dem Querfaden zunehmen)

1 Mustersatz A
1 Mustersatz B
1 Mustersatz A
1 Mustersatz B
1 Mustersatz A (vordere Mitte)
1 Mustersatz B
1 Mustersatz A
1 Mustersatz B
1 Mustersatz A

In der 1. bis 7. Reihe die Mustersätze und den Wadenkeil wie beschrieben arbeiten.

Nach ca. 12 cm Höhe:

1. Reihe: rechte Maschen

2. Reihe: linke Maschen

3. Reihe: rechte Maschen

4.–6. Reihe: 1.–3. Reihe in der Kontrastfarbe wiederholen.

Abschluss

Das Randsegment wie oben beschrieben stricken, abketten, die Umschläge nach innen wenden, locker festnähen, besticken und ein Gummiband einziehen.

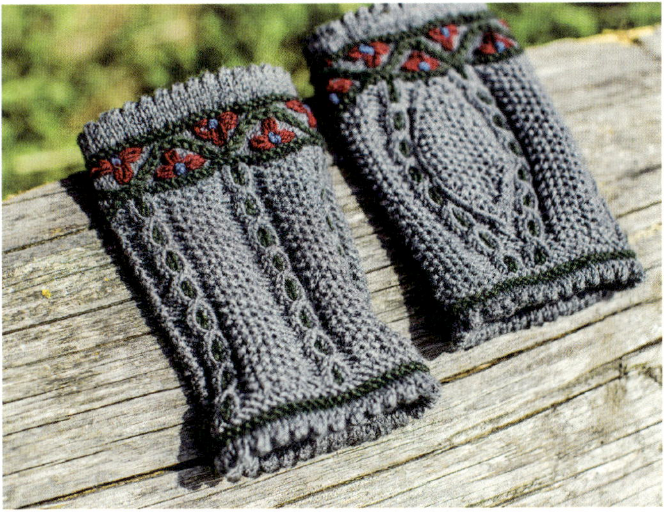

Strümpfe und Loferl in zwei beliebten Mustern

Anleitung 1: »Tulpen«

Muster 7

Hübsch an Frauen- und Männerwaden

Musteranleitung für folgende Maße:

Umfang unter dem Knie: 34 cm

Umfang an der dicksten Stelle der Wade: 37 cm

Umfang unter der Wade: 28 cm

Umfang über dem Knöchel: 21 cm

Länge für Loferl: 26 cm

Strumpflänge bis zum Knöchel: 32 cm

Länge bis zur kleinen Zehe: 23 cm

Gesamtlänge des Fußes: 28 cm

Für das Tulpenmuster werden 18 Maschen in einem Satz gearbeitet. Für die rückwärtige Mitte, das Nahtl, werden hier entweder ein glatt rechts gestrickter Streifen oder ein Zopf mit 6 Maschen und jeweils zwei linken Maschen seitlich davon berechnet.

Anschlag

Bei einer Maschenprobe von 3 Maschen auf 1 cm schlage ich 104 Maschen an.

Randsegment: 6 Reihen mit Mäusezähnchen

Hauptteil

4 Maschen verteilt abnehmen, damit ich die benötigte Mustermaschenzahl erhalte.
Einteilung: 2 Maschen links, 6 Maschen rechts, 2 Maschen links
5 Mustersätze vom Muster 7

Den Zopf kreuze ich in der 11. Reihe – ob nach rechts oder links oder einen so, den anderen so, ist Geschmacksache.

Die Zunahme für die Wade (8 Maschen) starte ich ab der 10. Reihe. Gleichmäßig wird in allen 5 Reihen nach und vor den beiden linken Maschen der rückwärtigen Mitte jeweils 1 Masche dem Muster gemäß herausgestrickt. Dann werden 20 Reihen ohne Zunahmen im Musterverlauf gearbeitet. Jetzt beginnt die Abnahme. In jeder 2. Reihe werden nach und vor den linken rückwärtigen Maschen 2 Maschen dem Muster gemäß zusammengestrickt, bis auf jeder Nadel 16 bis 18 Maschen sind.

Abschluss

Sobald die gewünschte Loferllänge erreicht ist, wird das Randsegment gestrickt.
Eventuell das Nahtl mit Maschenstichen verzieren.

Für Strümpfe arbeiten Sie das Muster bis 32 cm weiter und fahren dann mit dem Fußteil fort.

Anleitung 2: »Hohenaschauer«

Muster 2 und Muster 8

Ich verwende die gleichen Maße, wie in der vorangehenden Anleitung. Klassisch wird dieser Strumpf in den Farben grau und grün gestrickt. Die Loferllänge in der Region des Chiemgau beträgt 14 bis 16 Zentimeter.

Anschlag: 104 Maschen in grün
Randsegment: 6 Reihen mit Mäusezähnchen ergeben den unteren Rand.

Umschlag

2 Reihen rechte Maschen in grau
3 Reihen linke Maschen in grün
1 Reihe rechte Maschen in grau

1 Reihe lang 2 Maschen rechts zusammenstricken, 1 Umschlag in grau

2 Reihen rechte Maschen in grau

1 Reihe rechte Maschen in grün

2 Reihen linke Maschen in grün

1 Reihe rechte Maschen in grün

15 Reihen rechte Maschen in grau

1 Reihe rechte Maschen in grün

2 Reihen linke Maschen in grün

1 Reihe rechte Maschen in grün

1 Reihe rechte Maschen in grau

1 Reihe lang 2 Maschen rechts zusammenstricken, 1 Umschlag in grau

2 Reihen rechte Maschen in grau

1 Reihe rechte Maschen in grün

3 Reihen linke Maschen in grün

2 Reihen rechte Maschen in grau

Das Randsegment in grün stricken, die Arbeit wenden. Das ist der obere Rand.

Hauptteil in grau gestrickt

Einteilung:

Für das Nahtl 6 rechte Maschen, dann 3 linke Maschen stricken.

14 Maschen im Muster »Hohenaschauer 1«

1 Mustersatz »Hohenaschauer 2«
14 Maschen im Muster »Hohenaschauer 1«
vordere Mitte:
2 linke Maschen, 1 rechte Masche, 2 linke Maschen, 1 rechte Masche, 1 linke Masche, 1 rechte Masche, 2 linke Maschen, 1 rechte Masche, 2 linke Maschen
(Kreuzung wie bei »Hohenaschauer 2« in der 9. Reihe)
14 Maschen im Muster »Hohenaschauer 1«
1 Mustersatz »Hohenaschauer 2«
14 Maschen im Muster »Hohenaschauer 1«
3 linke Maschen
Nach 14 Zentimetern ab Mustereinteilung die Abnahmen für die Waden beginnen.
In jeder dritten Reihe beidseits des Nahtl dem Muster gemäß 2 Maschen zusammenstricken. Bis zur gewünschten Länge fortfahren. Es sollten 16 bis 18 Maschen (je nach Fußbreite) auf jeder Nadel sein.

Fußteil

Bei Loferl in diesem Muster empfehle ich folgenden Abschluss: 1 Reihe rechts in grau, 3 Reihen links in grün, 2 Reihen rechts in grau, Randsegment in grün. Den Umschlag, das Nahtl und die Segmente »Hohenaschauer 2« mit grünem Maschenstich besticken. Den Umschlag nach außen drehen und den oberen Rand festnähen (an die Gummieinzugsöffnung denken).

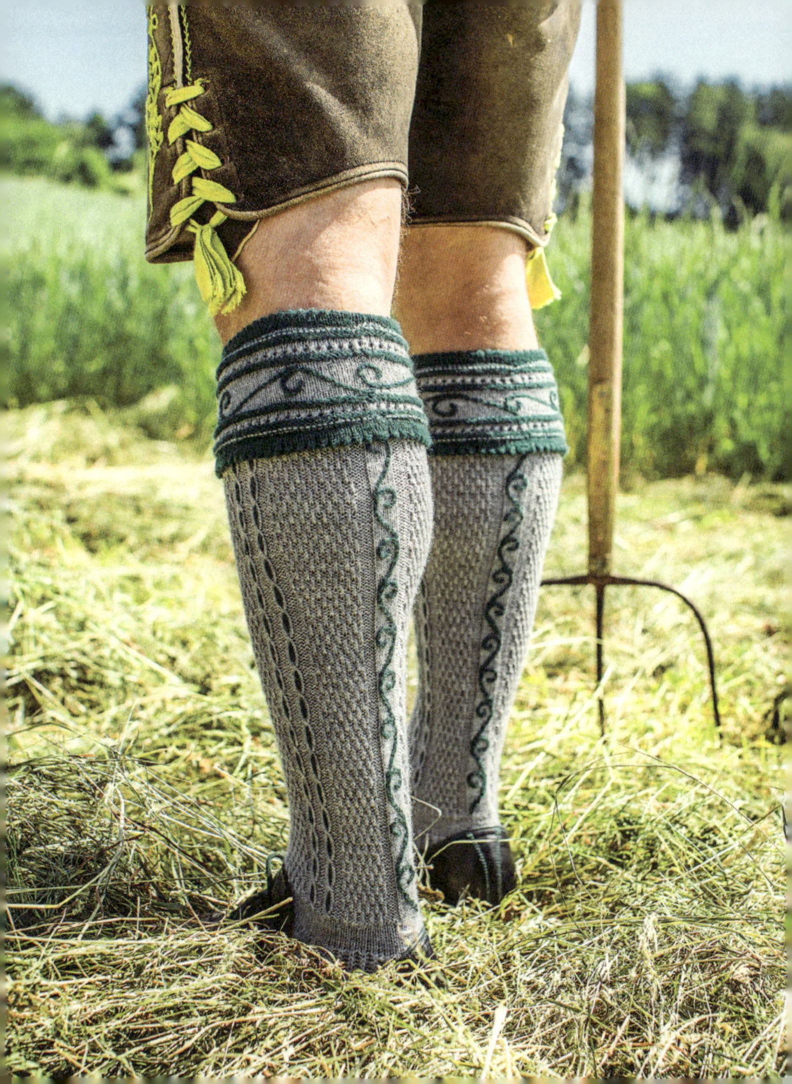

Herrenstrumpf gemodelt mit Umschlag

Randsegment: 6 Reihen in grün

Umschlag

3 Reihen rechte Maschen in grau
1 Reihe rechte Maschen in grün
3 Reihen linke Maschen in grün
2 Reihen rechte Maschen in grau
24 Reihen im Muster 4 »Gewickelte« in grau
1 Reihe rechte Maschen in grün
3 Reihen linke Maschen in grün
1 Reihe rechte Maschen in grün
3 Reihen linke Maschen in grau

Randsegment mit 7 Reihen ergibt den unteren Rand.

Hauptteil

Ich lege zuerst das Muster für die rückwärtige Mitte und die vordere Mitte fest. Den Rest der benötigten Maschen fülle ich mit den Wunschmustern aus. Mit den Zunahmen für die Wade beginne ich ab der 10. Reihe. Beidseits des rückwärtigen Musters wird 1 Masche aus den linken Maschen herausgestrickt. Aus den zugenommenen Maschen wird ein weiteres Muster hinzugefügt. Genauso funktioniert die Abnahme, nur umgekehrt. Die Muster werden so lange zusammengestrickt, bis die nötigen Maschen für das Fußteil auf den Nadeln vorhanden sind.

Vorgegebene Musterzusammenstellungen und Anleitungen für die bereits genannten Wadenkeile finden Sie in den Büchern, auf die ich im Anhang nochmals verweise.

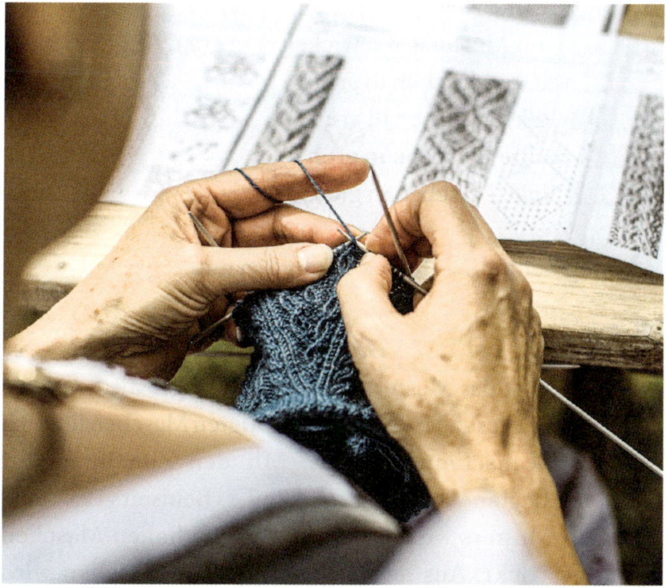

Pflegehinweise

Damit die Besitzer lange Freude an den Loferl und Strümpfen haben, empfehle ich die Aufbewahrung mit Lavendel – denn Motten lieben Schafwolle.
Außerdem sollten sie besser gelüftet als gewaschen werden (Schafwolle reinigt sich an der frischen Luft selbst).
Obwohl die meiste Wolle als maschinenwaschbar gilt, ist die Handwäsche mit Shampoo oder Kernseife wesentlich pflegender, vor allem für Wolle mit Seide. Nach dem Waschen sollten Sie die Loferl, Stutzen oder Strümpfe in Form bringen und liegend und gut durchlüftet trocknen lassen.
Wollreste bewahren Sie bitte immer auf, damit Reparaturen farbgleich durchgeführt werden können.
Sollten die Fußteile nach oftmaligem Tragen durchgescheuert sein, trenne ich sie ab und stricke sie neu – oder ich mache aus dem meist heilen Schaft und der Restwolle Loferl.

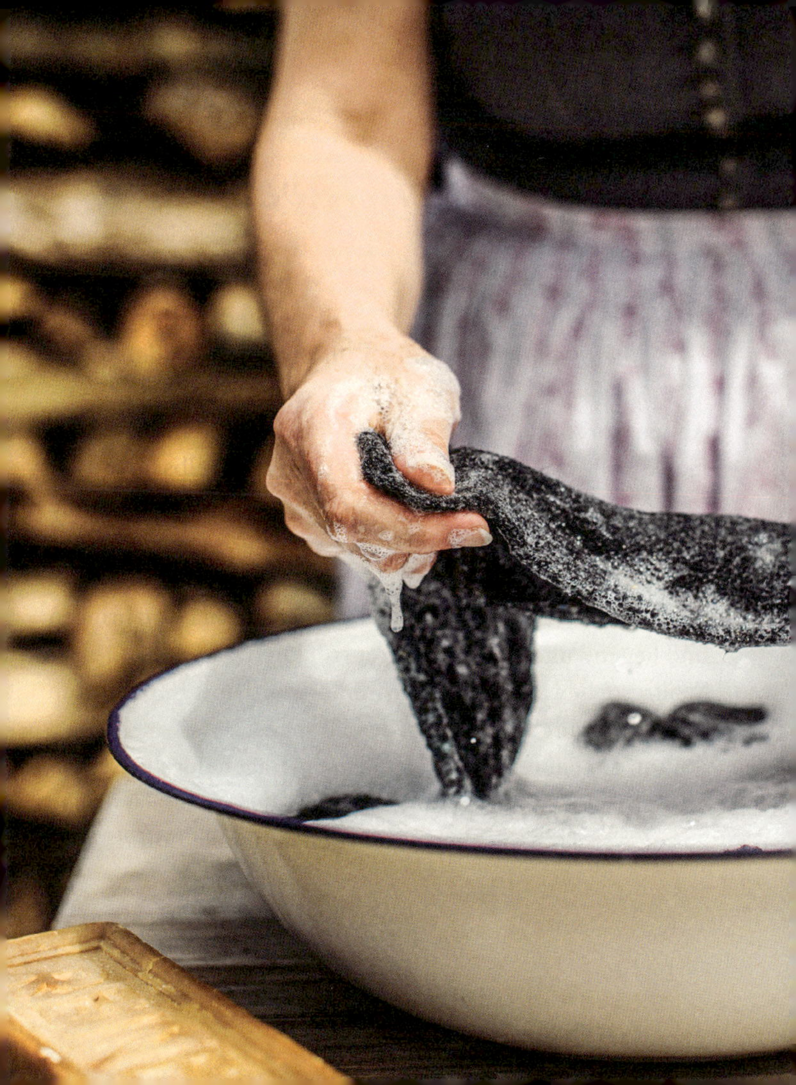

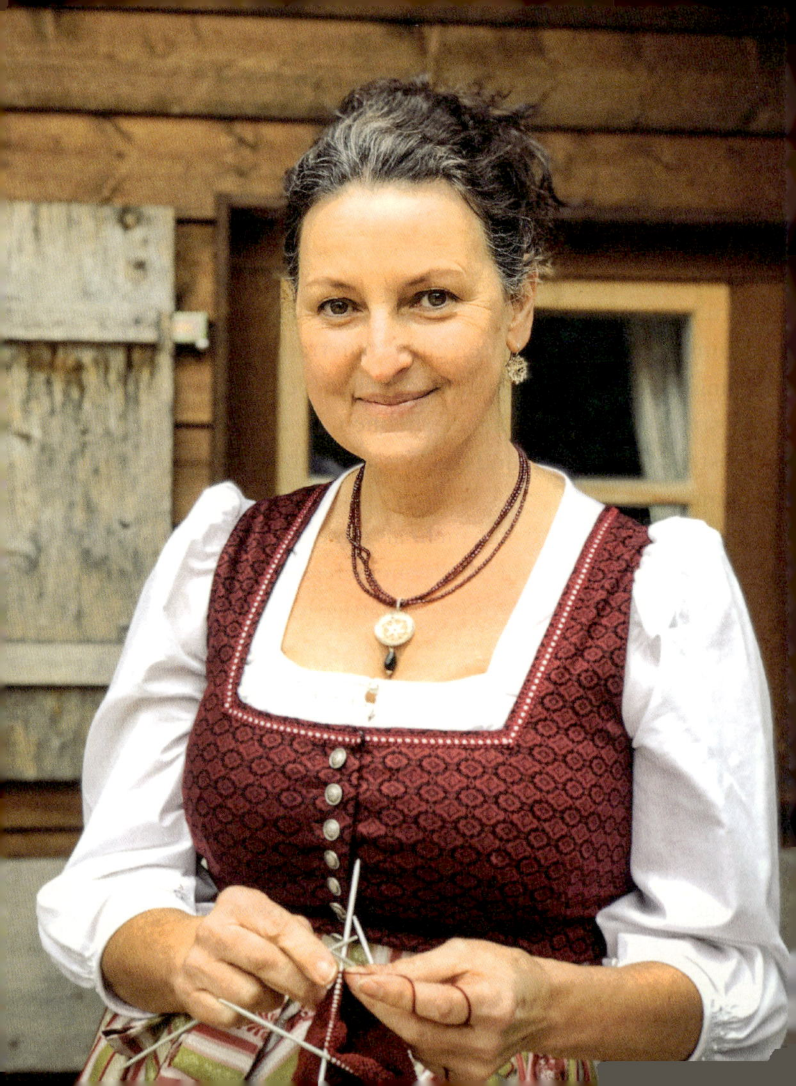

Schlusswort

Früher war Handarbeit oft ein Notbehelf – heute ist es eine Kunst, die es zu bewahren gilt. Ob in traditioneller Ausführung oder fantasievollen, individuellen Neuinterpretationen gestrickt wird, ist völlig unerheblich. Es zu versuchen, sich anstecken zu lassen und das Wissen weiterzutragen, macht Sinn.

Für mich ist das Stricken mehr als nur ein Handwerk. Durch die Konzentration auf Muster bin ich ganz bei mir, fast meditativ. In der Vorbereitung beschäftige ich mich intensiv mit dem Menschen, der meine Strickerei tragen soll. Die Auswahl der Farben, des Materials und der Muster schaffen eine Beziehung. Hieraus resultiert im besten Fall eine gemeinsame Freude und ein gesunder Stolz. Die Freude beim Nadeln, beim Tragen und immer wieder bei der Betrachtung begleitet dann mitunter ein Leben lang. Dieses Gefühl wünsche ich allen, die meine Liebe zur Strickkunst teilen und gratuliere denen, welche diese Arbeit zu schätzen wissen.

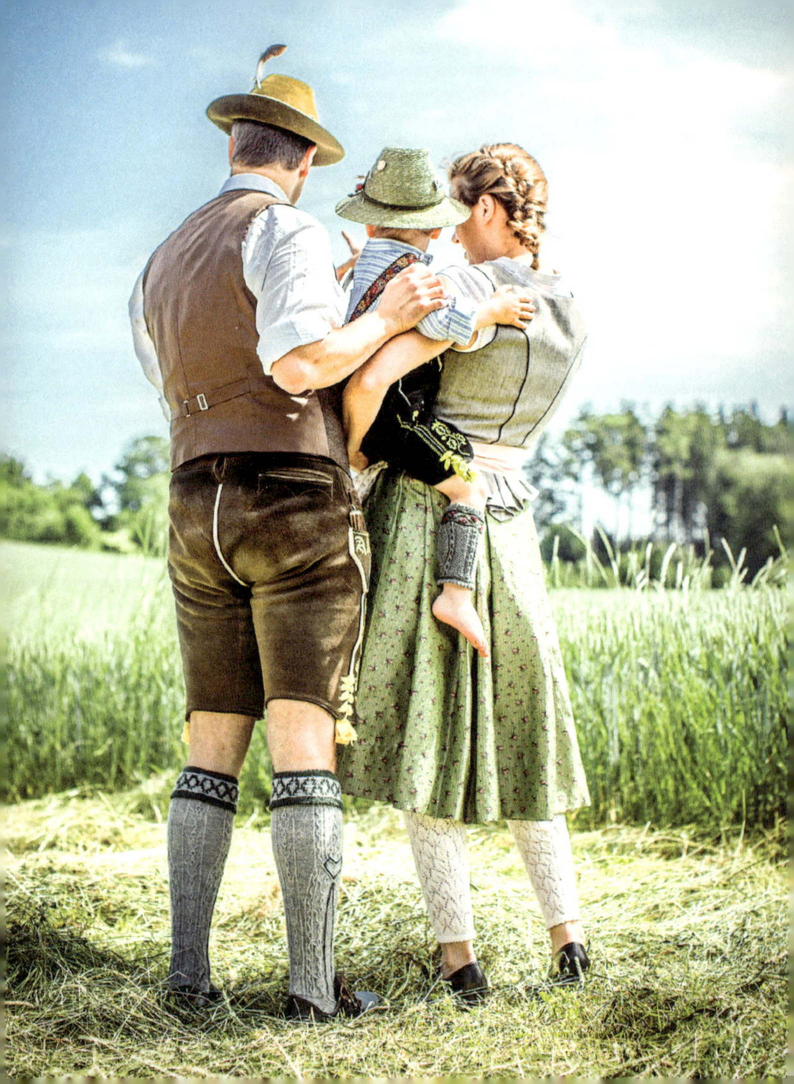

Dank

Bedanken möchte ich mich beim Servus Verlag für das Vertrauen und die Möglichkeit meine Begeisterung zu Papier zu bringen, bei meiner Schwiegertochter Teresa für das »Vorlektorat«, bei Frau Asum von der Woll Ecke in Aichach für die Überlassung von Material für die Fotos und bei »meinen Männern«, dass sie mich immer wieder aufs Neue mit ihren Strickwünschen herausfordern und die fertigen Werke mit Stolz tragen.

QUELLEN UND EMPFOHLENE LITERATUR

Gierl, Irmgard: *Alte Strickkunst*. München 1979.

Fanderl, Lisl: *Bäuerliches Stricken*, Band 1–3. Rosenheim, 3. Auflage 1980 (Band 1, 2), 1983 (Band 3).

Erlbacher, Maria: *Überlieferte Strickmuster aus dem steirischen Ennstal*. Trautenfels, 1999, 2001, 2011.

Über die Autorin

Ursula Wurm, geboren 1961 in München, interessiert sich seit frühester Kindheit für Handarbeit. Ihre Kinder und Enkel versorgt sie mit handgestrickten Stutzen und Loferl. Ursula Wurm ist verheiratet und lebt im Wittelsbacher Land in Bayern.

MIX
Papier aus verantwortungsvollen Quellen
FSC® C012536
FSC www.fsc.org

 Satz aus der Hoefler Text und The Sans · Medieninhaber, Verleger und Herausgeber: Red Bull Media House GmbH · Oberst-Lepperdinger-Straße 11–15 · 5071 Wals bei Salzburg, Österreich · Gestaltung und Satz: wir sind artisten · Bilder: Dominik Schachten, daSchachten

Printed in Austria
ISBN 978-3-7104-0226-5